Ogni riferimento a persone esistenti o a fatti realmente accaduti è puramente casuale

ADELPERGA

La Principessa che diede scacco a Carlomagno

Salerno, 788

Si sentì di colpo debole. Chiamò la fida governante e le chiese la portantina. I quattro servi entrarono, la appoggiarono in terra e attesero rispettosamente in silenzio e a capo chino. Adelperga prese uno scialle, lo cinse attorno al collo e si sedette. Pronunciò solo due parole "alla volta!" e loro compresero immediatamente a cosa la principessa si riferisse e la portarono in fondo alla corte dove, attraverso una volta, tra le mura, si poteva ammirare dall'alto il mare turchese e la città di Salerno. Lì giunta licenziò con un gesto imperioso i servitori e si mise assorta a guardare il panorama. Salerno, quanto lei aveva fatto per quella che prima che arrivasse era una cittadina mezzo diroccata. Era stata lei che aveva fortissimamente voluto che divenisse la capitale del Ducato di Benevento assurto a Principato, era stata lei che aveva promosso la costruzione dei palazzi più belli, che aveva accolto tutti i fuoriusciti, Longobardi come lei, un popolo destinato a perdere la propria identità e a confondersi con le altre popolazioni, forse proprio per merito o per colpa sua. Ma ciò non sarebbe accaduto sino a quando sarebbe rimasta in vita: ci sarebbe voluto ancora almeno un mezzo secolo o forse ancor di più. Si domandò quanto avrebbe ancora vissuto. Sarebbe riuscita a realizzare i suoi progetti? La scuola di medicina di Salerno sarebbe finalmente sorta, avrebbe avuto rinomanza? Era stata lei a chiamare alla reggia molti famosi medici, di qualunque etnia e di qualsiasi religione. Di fronte alla scienza non ammetteva che si facessero delle differenze. Salerno sotto il suo regno era diventata ricca di studiosi, di artisti, di letterati e di architetti. Pian piano la brezza del mattino di quel tardo settembre la cullò sino a quando non si addormentò.

* * *

Pavia 756

La Reggia era in festa. Era il secondo compleanno di Desiderata, una nuova sorellina per lei e tutti fecero festa, continuando quella che era stata fatta poco prima per l'ascesa al trono di re Desiderio, suo padre. Nella realtà ad Adelperga tutto il vociare avvinazzato dei commensali dava fastidio.

Fece un cenno al suo precettore Paolo Diacono e si allontanarono alla chetichella. Se Desiderio si fosse accorto della sua assenza l'avrebbe punita severamente, ma a lei non interessava. Aveva sete di imparare e il suo precettore, che stravedeva per lei, sembrava ai suoi occhi una fonte inesauribile del sapere alla quale si sarebbe abbeverata senza sentire alcun senso di sazietà. Mai un precettore trovò una allieva così ricettiva, così intelligente e così colta. Aveva deciso che prima o poi avrebbe dedicato a lei un'opera in latino. Si riteneva onorato di avere da plasmare una giovane che ad appena 14 anni con la sua arguzia spesso lo aveva messo in difficoltà. Era convinto che Adelperga non solo fosse superiore a tutte le donne e alle giovani della corte, ma che potesse tranquillamente rivaleggiare con tutti gli uomini di maggior talento. Era più alta della media, piuttosto magra, i capelli biondi liscissimi svelavano la sua origine germanica, aveva degli occhi color nocciola chiaro, piuttosto distanziati tra di loro, un naso piccolo ed elegante e delle labbra appena accennate, tanto erano sottili. Il mento regolare ma leggermente appuntito era il giusto terminale di un ovale un po' ristretto. La carnagione era molto chiara e ciò faceva sì che si notassero ancora di più i suoi rossori, che secondo Paolo Diacono erano di diverse tipologie e di diverse intensità: vi era il rosso del candore, quello dell'eccitazione e quello della collera, il più raro e il più intenso di tutti. Amava vestirsi con abiti di damasco color crema, ma odiava qualunque decorazione. Era pertanto un modo di agghindarsi molto semplice, ma molto aristocratico nello stesso tempo. Ma quello che aveva stregato il precettore più di tutto era la espressività dello sguardo di Adelperga. Avrebbe potuto benissimo non proferire verbo alcuno che dallo sguardo tutti sarebbero stati in grado di prevedere quello che avrebbe detto se avesse espresso il suo pensiero. Latino, greco, storia, geografia, filosofia, matematica e medicina, tutto la interessava e, come una spugna, assorbiva totalmente la linfa dei vari saperi. Adelperga insistette a tal punto affinché il suo precettore si dedicasse alla storiografia che gradatamente lo convinse. Correva la voce che questo religioso, più vecchio di lei di vent'anni, in segreto la amasse e forse questa credenza, che si era diffusa a corte, non era solo il frutto della malignità altrui, anche se mai il precettore esternò in alcun modo questo suo sentimento, semmai fosse esistito davvero e fosse andato al di là della semplice venerazione per la migliore delle sue discepole e per colei che avrebbe influenzato la Storia per oltre un decennio.

Se queste allusioni fossero però arrivate all'orecchio di re Desiderio il precettore avrebbe corso dei grossi rischi. L'unica materia nella quale quest'ultimo non era riuscito a fare breccia nell'animo della sua discepola era la religione. Adelperga, pur credendo in Dio, riteneva che abbracciare la fede cristiana da parte dei Longobardi fosse stata una manovra politica estremamente abile: abbandonare gli anacronistici Dei aveva ravvicinato i Longobardi alle popolazioni romane sottomesse, ma ciò che disapprovava era l'esagerazione che diventava quasi un'ostentazione della religiosità. Era come se per pentirsi di essersi convertiti in ritardo i Longobardi dovessero ora bruciare le tappe ed atteggiarsi a super cristiani.

" La nostra conversione è finta, caro Maestro"

"Perché dici questo?"

"Perché la religione che professate impone che si sia tutti fratelli; noi Longobardi invece rimaniamo una casta militare che non si mischia con la popolazione romana e che pertanto non osserva il primo dei precetti che tanto ostentatamente professiamo. Vorrei che mi accompagnaste in giro per Pavia: voglio conoscere meglio le tradizioni e la cultura dei popoli a noi sottomessi".

"Ma siete diventata folle? Ma lo sapete che se vostro padre scoprisse una disubbidienza così palese alle regole punirebbe voi in maniera severa, ma io correrei il rischio di essere fustigato o anche peggio?"

"E voi non sareste disposto a correre questo rischio per la vostra Adelperga?" chiese la stessa con un tono sottilmente insinuante, che sapeva essere sempre irresistibile per il suo precettore.

Confuso ed anche forse impacciato rispose: "Sta bene, come volete, Principessa". Si trattava di una sottile vendetta perché sapeva che Adelperga odiava sentirsi chiamare con il titolo che da pochi giorni aveva, soprattutto da lui: per un attimo gli lanciò uno sguardo feroce che pian piano si addolcì e poi si mise a ridere.

"Domani arriva la delegazione dell'Imperatore bizantino: ci sarà tantissima confusione e nessuno noterà la nostra assenza. Mi raccomando, vestitevi anche voi come un romano di alto livello. Non voglio farmi vedere con abiti longobardi".

"È perché mai?"

"Perché voglio capire come sono realmente le popolazioni a noi sottomesse: se mi presentassi come una longobarda non sarebbero né spontanei, né naturali".

"Ma se si vede lontano un miglio che siete della casta dominante!"

"Ne siete sicuro? Domani vedrete. Voi piuttosto cercate di romanizzarvi almeno un po'".

L'indomani al ritrovo dove si erano dati appuntamento Paolo Diacono faticò a riconoscere

Adelperga, fasciata come era in una specie di peplo greco, che era molto in voga in quel periodo tra le famiglie dell'aristocrazia romana e con la pettinatura acconciata in maniera diversa. Dovette ammettere con sé stesso che la sua allieva era veramente stupenda così agghindata. La Principessa si fece portare dagli orafi romani. "Guardate che raffinatezza di lavorazione e comparatela con la eccessiva schematicità e severità delle nostre opere di oreficeria. Ma io intravedo in queste però la mollezza di un popolo che ha perso del nerbo, mentre nelle nostre noto un nerbo senza raffinatezza. Quello che io intendo è realizzare una fusione per creare qualcosa di nuovo, il nuovo stile italico".

"Certo che di ambizione ne avete molta. Ma nulla vi è precluso: con il vostro genio e con la vostra caparbietà forse riuscirete anche a realizzare questo vostro auspicio".

Un giovane romano che era in quella bottega per far arricchire l'elsa della spada con dei fregi d'oro si intromise.

"Ho udito casualmente quanto avete detto, madamigella. Ciò che auspicate non si realizzerà mai. I Longobardi mai scenderanno dal piedistallo per accettare di imparare qualcosa da chi ha una tradizione millenaria. Scusate, mi presento: sono Fulvio Metello Prasca, patrizio romano".

"Io sono Ottavia e ciò deve bastarvi per ora. Io sono convinta che tra i Longobardi esista qualcuno più illuminato rispetto agli altri, che promuoverà un avvicinamento tra i due popoli".

"Siete un'illusa. Loro resteranno loro e noi rimarremo noi!"

In un primo momento Paolo Diacono temette che la sua allieva esplodesse nel peggiore dei suoi furori, ne aveva percepito le avvisaglie, ma poi vide che i tratti del viso si distesero e che cominciò a guardare il giovane con interesse. La cosa suscitò un malessere nel religioso, che comunque abbozzò. Si sentì un po' estromesso dalla loro conversazione e si stupì quando Adelperga accettò l'invito a pranzo da parte del giovane, ovviamente esteso anche a lui. Adelperga poté così visitare una dimora patrizia romana, ammirare la opulenza degli arredi, assaggiare le pietanze raffinate, a suo giudizio un po' rovinate dal vizio di accompagnare tutto con il garum. Quando uscì dalla villa si sentì arricchita di conoscenze sui popoli sottomessi, che erano sicuramente molto più colti, raffinati e civili rispetto a loro. Poi quel giovane l'aveva colpita. Non sembrava il prodotto di una società decadente: aveva in lui quelle doti da antico Romano che avevano permesso ai suoi avi di creare un impero vastissimo. Per la prima volta dovette ammettere che aveva provato attrazione per qualcuno. Si ripromise di incontrarlo nuovamente.

Qualcuno a palazzo però notò la sua assenza e quella di Paolo Diacono e andò a riferirlo a re Desiderio. Questi non disse nulla ma diede delle disposizioni ferree, la cui violazione sarebbe stata punita con 20 frustate. Il segreto venne rispettato.

Desiderio si comportò sia con Adelperga, sia con il suo precettore in maniera assolutamente normale, come se nulla sapesse e nulla fosse accaduto. Tre giorni dopo era previsto l'arrivo degli emissari del Duca di Benevento e Adelperga pensò di sgattaiolare di nuovo fuori dalla reggia con Paolo Diacono. Si mise il peplo, cercò di nascondere il viso e si diresse verso il portone dell'uscita principale. Passando davanti alle guardie, con loro grande stupore, i due si videro sbarrare il passaggio con due lance incrociate.

"Non si passa. Ordine del re".

Passato lo stupore, da giovane risoluta si diresse alla prima delle uscite secondarie, poi alla seconda, poi alla terza e così via a tutte le uscite del palazzo. Ovunque venne accolta con lo stesso rituale.

Si fiondò allora con gli occhi che sprigionavano fiamme nella sala dei ricevimenti dove il re Desiderio stava attendendo l'arrivo degli emissari. Vide lo sguardo della figlia e sorrise. Pensò: " Quanto è bella Adelperga infuriata, vale proprio la pena suscitare le sue ire".

"Per quale motivo sono reclusa a palazzo e il mio precettore con me?"

"Perché uscite senza il mio permesso. Lo sapete che sono contrario a che vi mischiate col popolo romano".

"E voi fate malissimo a non farlo. Hanno più cultura e tradizioni di noi ed abbiamo molte cose da imparare. Noi abbiamo invece una dirittura morale ed un nerbo che loro avevano secoli fa ma che hanno perduto negli agi e nelle mollezze della loro vita. La fusione gioverebbe sicuramente ad entrambi".

"Voi dite?"

"Certamente sì ".

"Ebbene mi riservo di rivedere la vostra punizione. Adesso toglietevi dalla mia vista, che sono arrivati gli emissari del Duca".

* * *

Di colpo Adelperga si svegliò e per orientarsi nel tempo guardò il mare e Salerno che apparivano dietro alla volta. Che sogno stupendo ed intenso aveva fatto. Lei giovane, le sue bizzarrie, la sua fuga con Paolo Diacono e l'incontro con Fulvio Metello. Ripensò a quanto fosse bello e colto, alla eleganza della sua villa e alla bontà dei suoi cibi e dei suoi vini.

Ricordò per un attimo l'espressione tirata di Paolo Diacono quando la vide conversare amabilmente con il giovane romano. Possibile che la amasse davvero e che non fossero solo i pettegolezzi di palazzo? Riprovando le sensazioni, ricordandosi di alcuni particolari che lì per lì le erano sfuggiti si disse che effettivamente la amava sin da allora. E lei, che non credeva o che faceva finta di non credere che la amasse per quasi un anno l'aveva tempestato di elogi e di espressioni dolci all'indirizzo di quel Fulvio Metello, che aveva visto una sola volta. Chissà quanto soffrì. Ora finalmente comprese perché qualche anno dopo improvvisamente decise di ritirarsi a Montecassino. Povero caro precettore, lei lo aveva trattato come un amico al quale si deve rispetto, ma anche confidenza ed era stata proprio quella confidenza che lo aveva fatto soffrire enormemente.

Ripensò alla foga con la quale lei aveva affrontato il padre, redarguendolo perché continuava in quella politica di rigida separazione tra i Longobardi e i Romani, introdotta dai loro avi. Pensò che doveva essere stata paonazza in volto e con gli occhi spiritati; ricordò che anche il tono di voce era elevato, tanto che i cortigiani erano tutti con il capo chino come se non avessero voluto né vedere e neppure ascoltare ciò che stava accadendo. Mai avevano visto qualcuno osare quei toni rivolgendosi al re Desiderio e temevano che, non potendosela prendere più di tanto con la figlia, avrebbe scatenato le sue ire sul primo malcapitato. Infatti. Interpretò in maniera sfavorevole il messaggio che, attraverso gli emissari, il duca Liutprando gli inviava. Adelperga pensò che quella sua sfuriata al padre avrebbe inciso presto sul destino di molti.

Il padre però mantenne il divieto di uscire dal palazzo per quasi un anno, ma per tutto quel periodo fece delle profonde riflessioni. Il problema era che i dignitari longobardi non avrebbero preso bene l'apertura della reggia ai Romani e allo stesso tempo anche questi ultimi avrebbero accolto tali novità con spirito sospettoso.

Ci volle quasi un anno di tempo affinché la goccia riuscisse a scavare la pietra. Bisognò individuare nei due schieramenti dei soggetti di buona volontà che spiegassero le possibili novità in maniera favorevole per tutti. Un inizio, seppur embrionale, di fusione avrebbe arricchito e non depauperato le due culture.

* * *

Pavia, 757

L'anno di punizione sarebbe scaduto il sabato successivo. Adelperga venne chiamata da re Desiderio.

"Sabato cesserà la punizione che ho inflitto a voi e a Paolo Diacono, ma mi raccomando non uscite perché ho una sorpresa per voi che penso vi farà felice".

Adelperga si interrogò incuriosita su quale mai avrebbe potuto essere questa misteriosa sorpresa, ma l'omertà all'interno del palazzo fu totale e non riuscì a sapere nulla.

Seppe solo il giorno prima che avrebbe dovuto presentarsi nell'aula delle udienze " vestita da principessa".

Entrò un po' confusa e un po' incuriosita quando si sedette su uno dei piccoli troni in cui prendevano posto solitamente le principesse e i principi.

Di colpo gli araldi annunciarono la delegazione romana. Adelperga si fece immediatamente attenta e, di colpo arrossì come non le era mai capitato. Lo aveva visto in prima fila: Fulvio Metello Prasca. Sentì il cuore battere forte. Era confusa: non se la sarebbe mai aspettata una sorpresa come questa.

Desiderio interruppe questi suoi mutevoli stati d'animo: " È per me un piacere esaudire un desiderio ed un auspicio di mia figlia, la principessa Adelperga". Tutti gli sguardi si calamitarono su di lei a cominciare da quello di Fulvio Metello e lei arrossì ancora di più, suscitando nel giovane un sorriso tra il beffardo e il compiaciuto.

Desiderio proseguì: " Mia figlia un anno fa fu da me punita per essere uscita dal palazzo senza la mia autorizzazione. Voleva conoscere il vostro mondo, le vostre tradizioni, la vostra cultura, le vostre case, i vostri cibi, il vostro modo di essere e di pensare. Nella sua discolpa disse alcune cose che mi hanno fatto riflettere molto a lungo ed è questo il motivo del nostro incontro. Mi ha detto che noi Longobardi facciamo male a rimanere isolati da voi e che se si creasse una piattaforma di dialogo la sintesi delle nostre culture porterebbe alla nascita di una cultura nuova, molto più forte della semplice sommatoria di entrambe. Mi disse che era convinta che tale nuova cultura avrebbe creato le basi per un nuovo popolo molto più forte, destinato a durare per molti secoli. Mi sono convinto che occorra almeno tentare. Che cosa ne pensate?"

Vi furono addirittura delle acclamazioni entusiastiche. Il popolo che un tempo era superiore a tutti gli altri e che ora si sentiva psicologicamente oppresso era felice di condividere la propria cultura, se in cambio avessero ottenuto la parità con i Longobardi. Del resto era nella loro tradizione far diventare cives molti dei popoli un tempo conquistati.

Preso atto con soddisfazione dell'effetto che avevano fatto le sue parole Desiderio proseguì: "Ho la convinzione che a promuovere questa trasformazione della società debbano essere i giovani e propongo per la parte longobarda mia figlia Adelperga nomini sei giovani e invito voi Romani ad indicare un capo della delegazione, il quale nominerà gli altri sei componenti. Non vi sarà un capo assoluto ma i due capi saranno perfettamente alla pari. Il compito di questa commissione paritetica sarà quello di promuovere il confronto tra le due culture in maniera tale da creare una sintesi perfetta. La lingua ufficiale sarà sempre il latino ma nella lingua parlata tutti i giorni verranno inseriti anche quei termini longobardi che riterrete più appropriati e più efficaci. Vi occuperete anche di promuovere il confronto tra l'arte romana e quella longobarda e tra le diverse architetture, pitture, sculture e artigianato. Mi limito alla citazione di questi temi, ma voi dovrete spaziare in tutti i campi. Consultando inoltre i diversi giureconsulti dovrete poi segnalarmi quali leggi favorirebbero una integrazione tra i due popoli". Le ovazioni aumentarono sempre più. La delegazione romana, dopo un breve consulto, nominò Fulvio Metello Prasca come capo della delegazione. Il viso di Adelperga divenne fiammeggiante.

"Ebbene che i capi delegazione si conoscano!" sentenziò il re Desiderio.

Fulvio Metello si diresse verso Adelperga e si prostrò in un grande inchino. Sottovoce in maniera tale che solo Adelperga lo udisse sussurrò: "Ci si rivede, cara Ottavia".

Nessuno riuscì a capire il motivo di quella sonora e convinta risata della principessa.

* * *

Si svegliò, ammirò il mare e si sorprese a ridere. Che imbarazzo, che tempesta le aveva creato la vista inaspettata di Fulvio Metello. Era la prima volta che provava delle sensazioni così violente. Senza volere il padre aveva creato i presupposti perché lei lo incontrasse: la cosa divertente era che, con i suoi divieti, le aveva impedito di vederlo per un anno fuori dal palazzo e adesso, con la commissione paritetica, la aveva obbligata a vederlo tutti i giorni dentro allo stesso palazzo. I giovani e le giovani scelti da entrambi si distinguevano tutti per avere la mente aperta ai cambiamenti e una profonda cultura. Adelperga pretese che la componente femminile fosse uguale a quella maschile e chiese al padre di poter adibire una delle costruzioni periferiche della reggia alla loro Commissione con una parte dei giardini che sarebbe servita ad organizzare le attività svolte in parallelo tra i diversi esperti nei vari settori produttivi di entrambi i popoli. I dodici giovani, muniti di lasciapassare e di scorta reale partirono per un viaggio all'interno di tutto il Regno dei Longobardi del nord alla ricerca dei migliori in ogni campo. Adelperga fremette al solo pensiero di quanta eccitazione, di quanta partecipazione misero tutti per portare avanti quel progetto che forse non aveva uguali nella Storia: quello di creare un principio di fusione tra i vincitori e i vinti, condotto in maniera paritetica e non imposto dall'alto. L'unico suo rammarico era quello di non poter andare insieme ai giovani: per disposizioni di re Desiderio i due capi delle delegazioni avrebbero dovuto rimanere nella reggia.

Presto cominciarono ad arrivare gli orafi e altri tipi di artigiani. Le botteghe che erano state ricavate nei giardini servirono a provocare un confronto tra le metodologie diverse adottate dai Longobardi e dai Romani. Pur apparentemente rimanendo ciascuno legato alle proprie idee e alle proprie tradizioni nondimeno cominciarono a conoscere e ad apprezzare l'arte altrui. Quel percorso, che avrebbe portato alla piena fusione degli stili, non era sicuramente immediato, come Adelperga e gli altri giovani nella loro esuberanza giovanile avevano pensato, ci sarebbero voluti molti decenni, ma quello che era importante era il punto di inizio. Ciascuno ritornò alle proprie attività cambiato: il confronto con le altre metodologie e con le altre culture aveva aperto più vasti orizzonti a tutti.

Senza neppure accorgersene erano diventati diversi e la loro arte ne avrebbe risentito ogni giorno di più. I giureconsulti romani cominciarono a capire che forse il loro diritto era un po' troppo ampolloso, mentre quelli Longobardi si resero conto che il loro era forse troppo scarno. Ciò avrebbe nel tempo portato gli uni e gli altri a cercare di avvicinarsi il più possibile, eliminando le storture.

Adelperga ripensò a quei giorni e a qualche delusione che allora provò perché non si arrivò immediatamente alla sintesi tra i due popoli. In quel momento si rese conto che anche tutto quello che aveva fatto a Benevento e a Salerno, sempre nella medesima direzione, avrebbe portato dei frutti solo dopo molti decenni. Una sfumatura di tristezza la colse al pensiero che probabilmente, tra i posteri, nessuno le avrebbe riconosciuto il merito di avere creato la cultura italica. Si disse che i libri di Storia avrebbero parlato di lei come della sorella di Desiderata, la moglie ripudiata del suo acerrimo nemico, il re Carlo dei Franchi e la cosa la intristì fortemente. Si disse però che prima o poi sarebbe nato e vissuto qualcuno che l'avrebbe capita e che l'avrebbe messa nel suo giusto posto all'interno dei Grandi della Storia italica.

Per ritornare di buonumore pensò a Fulvio Metello e con un sorriso rapito si riaddormentò.

* * *

Pavia, anni 757/758

La crisi con il Ducato di Benevento si aggravò: le silenti resistenze agli ordini ed ai voleri di re Desiderio lasciarono pian piano il posto ad una ribellione sempre più evidente da parte del Duca Liutprando.

Ciò pose numerose questioni da risolvere al re. Da un lato una guerra tra Longobardi sarebbe stata una opzione che ne avrebbe indebolito il prestigio e che avrebbe potuto muovere alla ribellione le popolazioni sottomesse. Non combattere però e consentire ad un Duca di sbeffeggiare l'Autorità reale avrebbe minato il suo prestigio di re. La ribellione, ove fosse rimasta impunita, avrebbe potuto creare degli imitatori. Si sarebbero infatti convinti che, se Liutprando si poteva permettere di schiaffeggiare pubblicamente il re, anche loro avrebbero potuto farlo. Ma cosa fare? si domandava più volte al giorno il re. Convocarlo e destituirlo? Farlo eliminare? Soppesò più volte tutte le opzioni possibili, valutandone i pro e i contro. E poi destituirlo come e sostituirlo con chi?

Desiderio si disse che avrebbe dovuto stare attento a non suscitare nella aristocrazia longobarda il sospetto che il suo vero scopo fosse quello di impadronirsi direttamente del Ducato di Liutprando. Per un anno intero ci pensò e trovò infine la soluzione, ma non sarebbe stato semplice attuarla.

Mentre Desiderio si arrovellava tra mille pensieri l'attrazione tra Adelperga e Fulvio Metello aumentò di giorno in giorno. Questo grande lavoro nella Commissione li impegnava molte ore, fianco a fianco, a pensare a come redigere le relazioni per il re Desiderio, che aveva dimostrato di apprezzare molto il loro lavoro, al punto che molte leggi che aveva emanato ne erano state influenzate. Il risultato fu che la popolazione romana cominciò a vedere con meno odio e risentimento rispetto a prima la dominazione longobarda. In effetti procedeva più spedita sicuramente la romanizzazione dei Longobardi che non la germanizzazione dei Romani, ma anche quest'ultima pian piano produsse delle impercettibili conseguenze.

Adelperga e Fulvio Metello erano sempre gomito a gomito, pendevano uno dalle labbra dell'altro, stavano dei minuti interi a guardarsi negli occhi. Eppure passarono vari mesi di questa adorazione reciproca senza che accadesse nulla. Lui aveva il timore, trattandosi di una principessa; lei non avrebbe avuto alcuna remora a prendere l'iniziativa ma era convinta che avrebbe dovuto essere lui a fare il primo passo. Paolo Diacono comunque sorvegliava Adelperga con una insolita assiduità. I mesi passarono in questa situazione di stallo; il che non fece che accrescere il legame e l'attrazione tra i due. Un giorno, verso la fine del 757, girandosi di scatto uno verso l'altro, le loro labbra accidentalmente si unirono e non si staccarono più. Ma presto Adelperga si ricompose: " La donna andrebbe molto più in là, la principessa invece non può consentire a che si vada oltre".

* * *

Si svegliò. Le parve di assaporare ancora il suo bacio e di sentire il suo contatto e il suo profumo. Guardò il mare: il sole era ormai alto. Faceva ancora caldo anche in quella stagione avanzata. Ripensò ai mesi trascorsi gomito a gomito con Fulvio Metello e si rimproverò di essersi comportata come una principessa e non come una donna. Lei lo amava in quel momento, ne era certa anche adesso, ma qualcosa la trattenne e non riuscì mai a capire che cosa. Comunque la situazione si fece seria perché molte volte allora affrontarono il discorso del matrimonio. Se l'obiettivo della Commissione fosse stato veramente quello di fondere i due popoli quale miglior suggello avrebbe potuto avere di un matrimonio tra una principessa longobarda ed un patrizio romano?

Ricordò con una punta di nostalgia tutti i discorsi che fecero su questo punto: quanti castelli in aria, destinati ad essere spazzati via con un soffio di vento. Loro però non lo sapevano e cercarono di trovare l'occasione adatta e le parole giuste per introdurre l'argomento con il re Desiderio. Persero dei mesi a disquisire su delle sfumature che erano del tutto secondarie e ininfluenti, non capendo che lo scorrere del tempo in avanti sarebbe stato un loro nemico e non già un amico come pensavano. Se si fossero decisi nel 757 probabilmente re Desiderio, seppur a fatica, avrebbe accondisceso. Questo perché rimase molto impressionato nel vedere l'impegno che tutti i giovani avevano profuso e i primi risultati del confronto tra le due culture, che si era creato in tutti i settori. Avendo la saggezza dell'età adulta aveva ben chiaro però che quell'integrazione che Adelperga avrebbe voluto come immediata, avrebbe avuto invece la necessità di una lunga decantazione per perfezionarsi. Tuttavia riteneva che il segnale che aveva voluto dare fosse comunque molto positivo. In tale ottica forse un matrimonio che suggellasse questo progetto in prospettiva avrebbe potuto anche avere una discreta possibilità di essere accettato.

Il tempo è tiranno, si disse Adelperga e ciò che oggi è probabile, domani diventa solo possibile, dopodomani improbabile e il giorno dopo impossibile. Gli astri devono allinearsi nel modo giusto ed al momento giusto.

Pensò a come la decisione di un momento potesse influenzare un'intera esistenza e si soffermò al pensiero di come sarebbe stata la sua vita se nel 757 si fossero decisi ad andare a svelare il loro amore al re Desiderio. Sarebbe stata migliore? Sarebbe stata peggiore? Sicuramente sarebbe stata diversa e non avrebbe potuto compiere le imprese che aveva fatto. Al pensiero si disse che esiste un disegno imperscrutabile nel destino degli uomini e delle donne e che gli accadimenti, soprattutto quando appaiono negativi, visti forse in una visione superiore trovano una loro logica spiegazione e collocazione. Rendendosi conto che trattare di filosofia la stesse rattristando, ripensò a quel periodo esaltante della Commissione e a quel caravanserraglio di artisti, di artigiani, di orafi che avevano creato all'interno della reggia di Pavia, sorrise e si riassopì placidamente.

* * *

Il Duca Liutprando di Benevento, che era a capo della Longobardia minor ed era subordinato al re Desiderio chiese la protezione del re dei Franchi Pipino il Breve e si ribellò al suo sovrano.

Era l'ultimo degli affronti possibili e, seppur a malincuore, Desiderio dovette decidere di intervenire perché l'offesa era inaccettabile. Dovette decidere dall'oggi al domani quello che da un anno stava rimuginando e rimandando di giorno in giorno. Il ribelle avrebbe dovuto essere deposto. Per evitare che si potesse pensare ad un interesse ad accaparrarsi per sé il Ducato la soluzione migliore era sicuramente quella di nominare Duca il figlio di un altro Liutprando, Arechi, che era un giovane molto positivo e parente di quello che avrebbe spodestato.

Desiderio convocò l'esercito e partì alla conquista del Ducato di Benevento, invadendo per primo il Ducato di Spoleto: avrebbe deposto Liutprando nelle sue stesse terre. Al rientro a Pavia si pose il problema di come assicurarsi per sempre la fedeltà di Arechi.

Occorreva stringere con lui un legame: cosa meglio di un matrimonio?

Sì ma con quale delle sue figlie? La sola che avesse l'età giusta era Adelperga, ma con quel carattere come l'avrebbe presa? Con quel patrizio romano che le girava poi sempre attorno non sarebbe stato facile si disse il re.

Si convinse che, per prima cosa, avrebbe dovuto allontanare il giovane. In quei giorni avrebbe dovuto mandare all'Imperatore d'Oriente una sua delegazione. Pensò che sarebbe stato un grande onore per il giovane essere l'unico Romano nominato a far parte di una delegazione ufficiale longobarda.

Lo mandò a chiamare.

"Fulvio Metello Prasca, ho molto apprezzato il lavoro che state facendo a tal punto che voglio affidarvi un incarico di grande prestigio: voi farete parte della Delegazione che partirà domani per Costantinopoli. Il vostro compito sarà quello di studiare i veri sentimenti che l'Imperatore nutre nei nostri confronti e mi relazionerete attraverso dei messaggeri. Mi raccomando a voi perché la politica del mio Regno dipenderà molto da quello che riuscirete a captare."

"È per me un grandissimo onore quello di potervi servire. Obbedisco con gioia al vostro ordine e accetto con ancor maggiore felicità il vostro incarico."

Quando uscì dalla sala del trono Fulvio Metello si pose subito il problema di Adelperga: anche a lui dispiaceva lasciare la sua compagnia, ma quell'incarico lo gratificava particolarmente.

In lui l'ambizione era superiore all'amore che pur provava per la principessa longobarda.

Adelperga capì tutto con uno sguardo: " Mio padre vi ha affidato un incarico prestigioso e voi lo avete accettato?"

"Sì "

"Quando partite?"

"Domani"

Si avvicinò per baciarla ma lei con grazia si girò dall'altra parte e, sempre con grazia, gli augurò di fare un felice viaggio.

Dentro di sé era furibonda ma, allo stesso tempo, intimorita. Furibonda perché Fulvio Metello non aveva pensato a lei neppure un secondo prima di accettare l'incarico; intimorita perché conosceva suo padre e sapeva che una decisione del genere mai e poi mai sarebbe stata fine a sé stessa. Sapeva che il Ducato di Benevento sarebbe diventato vacante perché era sicura che suo padre, andando con l'esercito a Benevento, avesse spodestato Liutprando. Ma chi avrebbe nominato al suo posto?

Mentre era assorta in questi pensieri fu convocata nella stanza del trono.

"Figlia mia, voi sapete che come principessa avete dei doveri verso lo Stato longobardo. Sapete anche cosa sia la ragion di Stato e che per questa spesso occorra fare dei sacrifici: ebbene oggi è il vostro turno. Immagino che il vostro cuore fosse legato a quel giovane Romano ed è per quello che l'ho mandato in missione a Costantinopoli. Voi vi dovrete sposare con il nuovo duca di Benevento".

"E chi sarebbe mai?" chiese Adelperga.

"Arechi, il figlio di Liutprando. È sicuramente la soluzione migliore, che consente al loro casato una carica prestigiosa. Per evitare che un domani potesse tentare di imitare l'omonimo di suo padre, ribellandosi, occorre che sposi una principessa di sangue longobardo. La sola in età da marito siete voi!"

"Ma quello con i pommelli rossi in faccia?"

"Proprio lui."

"Lo sposerò ma non sarò mai sua moglie!"

"Questo è un problema suo e non mio" sentenziò re Desiderio.

Le nozze vennero organizzate in breve tempo.

Al primo incontro con Arechi Adelperga si rese conto che, pur piacendole poco come uomo, anche se era bello, era molto colto ed aveva delle idee che avrebbe voluto realizzare che erano del tutto compatibili con la sua visione del mondo.

Lei gli disse che sarebbe stata la sua sposa ma mai sua moglie e lui le rispose che era un tipo paziente. Questa risposta segnò sicuramente un punto a favore di Arechi agli occhi di Adelperga. Si disse che era stata fortunata poiché gli altri Duchi longobardi si sarebbero presi con la forza i loro diritti coniugali.

Le nozze si celebrarono nel 758 con uno sfarzo mai visto in una reggia longobarda. Tra gli invitati spiccava per eleganza e per raffinatezza la delegazione romana. Adelperga sembrava una dea ed attirò su di sé gli sguardi di tutti i presenti. Arechi quella notte non tentò neanche di entrare nella sua camera.

Il giorno dopo partirono per Benevento.

* * *

Di colpo Adelperga si destò e cominciò a ridere.

Era proprio bella il giorno delle sue nozze. Tutti i

dignitari ma anche tutti gli altri uomini invidiavano

Arechi perché, nel giro di poche ore, avrebbe colto

quello splendido fiore. Non sapevano quanto tempo

sarebbe invece passato.

Fulvio Metello l'aveva ferita, preferendo la

carriera a lei. Si era vendicata, apparendo felicissima

nel giorno delle nozze. Questo affinché la notizia

giungesse alle sue orecchie.

Se un po' ci patì non lo diede molto a vedere,

immerso come era nei fasti della Corte di

Costantinopoli. Adelperga seppe poi che Fulvio

Metello era riuscito a convincere il Basileus a ricercare, ad arrestare e a consegnare Liutprando a Desiderio. Questi però declinò l'offerta. Nessuno seppe mai che fine fece Liutprando: era come se fosse svanito nel nulla.

Il viaggio verso Benevento fu molto piacevole per Adelperga. Poche erano state infatti le occasioni che aveva avuto di uscire dalla reggia di Pavia. Era curiosa di ogni cosa ed Arechi, sempre molto paziente, ogni volta era pronto a soddisfare qualunque suo desiderio. Aveva anche preteso che Paolo Diacono la seguisse, per completare la sua istruzione. Questi in un primo momento era restio, ma quando intuì che il matrimonio non era stato consumato, decise di far parte del seguito ducale. Arrivati a Benevento Arechi e Adelperga cominciarono a pensare di abbellirla, facendo erigere delle chiese. La prima, fortissimamente voluta da Adelperga, fu Santa Sofia. Volle che la tradizione latina si fondesse con quella longobarda. Arechi continuava a rispettarla e lei lasciò trascorrere più di un anno, periodo nel quale ebbe modo di apprezzarne le sue grandi doti.

Si rese conto piano piano che si stava innamorando del suo sposo.

Una sera, nel momento in cui Arechi stava per ritirarsi dopo averle augurato la buona notte, lei lo trattenne. Fu una notte meravigliosa come Adelperga aveva sempre sognato.

L'indomani Arechi volle dare un ricevimento sontuoso come erano state le loro nozze a Pavia. Nessuno, tranne Adelperga e Paolo Diacono, ne compresero il motivo. Il precettore, distrutto da quello che aveva intuito fosse successo, cominciò a meditare di ritirarsi a Montecassino. Del resto ormai Adelperga aveva imparato da lui tutto quello che era in grado di insegnarle. Quando Adelperga venne a sapere della sua decisione ebbe la conferma che il religioso, in maniera silente, la amasse. L'intesa che si cementò tra Adelperga e Arechi non poggiava solo sull'amore che era finalmente esploso da parte di entrambi, ma anche e soprattutto sulle profonde affinità che li legavano. Erano entrambi amanti del bello e del sapere e attirarono presso la loro corte uno stuolo di artisti, di architetti e di scienziati. La giovinezza dei reggitori del Ducato, la loro propensione ad aiutare e a valorizzare l'opera dei sapienti fece sì che da ogni parte venissero ad offrire i loro servigi.

* * *

Adelperga si svegliò. Aveva ancora vivide le sensazioni che aveva provato nel sogno. Un trionfo di immagini, di colori e di emozioni.

Quanti ricordi le affiorarono improvvisamente alla mente. Quanta pazienza aveva dimostrato Arechi di fronte alle sue più strane richieste. Si sorprese a ridere al pensiero di quanto lei lo avesse messo in croce durante il viaggio verso Benevento con una serie di infinite pretese assurde. Lui capì che non era quello il suo carattere, ma che si trattava di una sottile vendetta per essere stata forzata al matrimonio. Decine di pazzie le vennero alla mente ed ogni volta fu sempre esaudita, anche a costo di far galoppare i messi per miglia e miglia per andare alla ricerca di un frutto esotico o di qualche altra bizzarria che le era venuta in mente. Non voleva tuttavia apparire come una donna capricciosa, perché non lo era affatto. Ammise però che aveva saputo recitare quella parte come la più consumata delle attrici. Ma aveva ben chiaro che questa sua vendetta sarebbe stata a tempo: una volta raggiunta Benevento avrebbe saputo rivestire i panni della duchessa con grazia, dando lustro al suo sposo. E così fece. Arechi, che era molto intelligente e cultore della psicologia, aveva capito tutto e per certi versi considerava le bizze di viaggio come uno scotto che avrebbe dovuto pagare. Conosceva Adelperga, l'aveva apprezzata per come aveva diretto la Commissione, ne condivideva pienamente le finalità ed era sicuro che, una volta placate le sue ire, sarebbe stata una sposa ideale. Adelperga ricordò quanto risero insieme delle sue bizzarrie, una volta che si creò l'intimità tra di loro. Arechi la volle sempre con sé anche quando doveva sbrigare le questioni del Ducato e in genere quando doveva prendere una qualsiasi decisione in qualunque campo. Presto così lei imparò l'arte di governare i Ducati, ma anche gli uomini. Una lacrima le scese al pensiero che il suo Arechi l'anno prima l'aveva lasciata: un matrimonio forzato era divenuto il matrimonio più felice che si potesse mai immaginare. Non avevano neppure bisogno di consultarsi: a loro bastava uno sguardo per capire che su un argomento qualsiasi la pensavano allo stesso modo.

Raramente nella loro vita la pensarono diversamente. Accadde ad esempio quando amministravano insieme la Giustizia. Di fronte ad un caso di omicidio lei insistette per un atto di clemenza. Leggendo gli incartamenti e presenziando all'udienza si era persuasa che l'assassino fosse stato portato ad uccidere dalle condizioni in cui viveva, dalle esperienze giovanili negative, ma era convinta che nel fondo quel soggetto non fosse malvagio. Arechi la seguì e commutò la pena capitale con una pena corporale. Un mese dopo quello stesso soggetto fece una strage. Arechi non la rimproverò mai, ma Adelperga si sentì come se quell'uomo la avesse tradita.

A parte però questo singolo episodio mai una nube si profilò nel loro rapporto nel corso di molti anni. Adelperga cominciò a pensare ai primi anni e all'entusiasmo che la Corte di Benevento suscitò tra tutti gli studiosi europei. Appoggiò la testa su una spalla e, lasciandosi cullare dalla leggera brezza di mare, si riaddormentò.

* * *

Adelperga era distrutta dal parto e pallida giaceva tra le coperte, ma gli occhi splendevano dalla gioia. Era riuscita a dare un erede al Ducato. Lo avrebbero chiamato Romualdo. Era un bambino sano e bello: assomigliava parecchio a lei. Aveva molto sofferto, ma la bellezza del bimbo la ripagava. Anche Arechi era euforico ed aveva organizzato delle feste in onore dell'erede. Con lui era nata la stagione dei figli, che proseguì l'anno dopo con Adalgisa ed infine nel 763 con Grimoaldo. Nonostante le continue gravidanze Adelperga fu sempre presente alle decisioni politiche e a quelle che riguardavano la ristrutturazione del Ducato. Sua fu l'idea di ampliare le mura di Benevento verso sud e di creare una sorta di città per gli artigiani e per le attività manuali in genere.

Arechi fece sua l'idea che in breve tempo venne realizzata. Anche Salerno cominciò ad attirare la sua attenzione: lei adorava i paesaggi di mare e si rese conto che la vista dalle mura soprastanti la città era di una bellezza difficilmente raggiungibile altrove. Cominciò ad interrogare gli architetti che frequentavano la Corte se fosse stato possibile in quelle mura inserire un castello degno di diventare una reggia. La cosa venne presa sul serio e presto vennero consegnati a lei alcuni progetti. Non volle che nessuno ne facesse parola con Arechi: voleva che tutto il lavoro di progettazione rimanesse segreto per poterlo sottoporre al marito una volta completo. Quando Arechi lo vide se ne innamorò e ordinò di approfondirlo ulteriormente, dettando delle varianti di suo gusto.

"Vedete sposo mio, Benevento è bella adesso, grazie a tutti i lavori che abbiamo fatto fare. Tuttavia questa reggia è la Reggia di un altro Duca e io lo sento giorno per giorno sempre di più. Nei miei sogni vi è la idea di spostare la Reggia a Salerno: sarebbe nostra e solo nostra e non quella di un altro che ne è stato spodestato con la forza".

"La penso allo stesso modo. Tuttavia bisogna anche considerare gli aspetti politici. In questo momento di tensione con i Napoletani e, conseguentemente, con i Bizantini che li proteggono, potrebbe essere male interpretato se noi ci spostassimo nelle vicinanze di Amalfi. Tieni presente che noi non abbiamo buone relazioni nemmeno col Papa perché continuiamo a non restituirgli quei territori ai quali lui ambisce da molto tempo".

"È perché non migliori i rapporti con Bisanzio?"chiese Adelperga.

"Lo vorrei fare, ma preferirei non farlo in prima persona. Vedrai che tuo padre mi incaricherà e mi impegnerò al massimo per realizzare la vostra richiesta".

Nei prati attorno alla reggia correvano i tre bambini felici: erano proprio belli. Avevano sei, cinque e quattro anni: la loro gioia e la loro spensieratezza si estendeva a tutta la corte. Erano tutti e tre biondi con i boccoli ed erano legatissimi tra di loro. Giocavano insieme agli altri bambini, figli dei nobili longobardi e anche delle famiglie patrizie romane. Arechi e Adelperga avevano imposto questa frequentazione dei bambini romani alle altre famiglie longobarde, che erano tradizionalmente restie a che i loro figli giocassero con quelli dei Romani.

Un colpo di vento improvviso la svegliò.

* * *

Si riebbe sorridente: aveva ancora nelle orecchie
il vociare allegro dei bimbi che si rincorrevano.
Quello fu uno dei periodi più felici della sua vita.
Arechi aveva ricevuto l'incarico da re Desiderio di
prendere contatti con l'Imperatore d'Oriente per
stipulare un'alleanza e lo aveva portato a termine
con grande abilità. L'appoggio imperiale per qualche
anno creò un equilibrio di forze in Italia che consentì
al Ducato di poter prosperare. I traffici aumentarono
e anche il prestigio di Benevento crebbe. Ormai era
diventata la meta prediletta di filosofi, di artisti, di
medici e di studiosi. La vita intellettuale era frizzante
e il livello delle conversazioni era molto elevato.
Adelperga pensò a quanto si sentiva a suo agio in

mezzo ai sapienti e quanto le piaceva interrogarli e conversare con loro. Lo stesso Arechi dimostrava con loro la grande cultura che possedeva. Fu la stagione d'oro, non funestata né da guerre e neppure da tensioni. La corte trasmetteva felicità e i figli che crescevano sani ne rappresentavano l'immagine migliore. Una lacrima interruppe questi pensieri: Romualdo, il primogenito, il prediletto, Romualdo il futuro principe di Salerno era morto insieme ad Arechi. Il viso si fece cupo e l'onda di dolore la sopraffece e nuovamente si assopì.

* * *

Pavia, 769

Re Desiderio convocò improvvisamente Arechi e Adelperga a Pavia. Il messaggio indicava che sarebbero state all'ordine del giorno delle decisioni di tipo strategico sotto il profilo politico. Il re voleva avere l'unanime adesione di tutti i Longobardi alle decisioni che stava assumendo ed era per quello che, oltre al duca di Spoleto aveva anche convocato la figlia e il genero.

Una volta riuniti in una cerchia ristretta Desiderio prese la parola.

" Il re Carlo dei Franchi è molto più ambizioso ed abile rispetto a quelli che lo hanno preceduto, anche se noi possiamo contare sull'appoggio sincero di suo fratello Carlomanno, che ci è amico. Le mire di Carlo però riguardano l'intera penisola italica. Ha il Papa dalla sua parte e anche Napoli. Ho il timore che, nonostante l'alleanza, se venissimo attaccati i Bizantini, se le cose si mettessero male, si ritirerebbero lasciandoci alla mercé dei Franchi".

" Non sono d'accordo" disse Adelperga anticipando Arechi " i legami con l'Impero d'Oriente sono profondi e siamo sicuri che non ci abbandonerebbero".

"Già una volta in passato lo fecero ed è mio dovere ipotizzare che possano farlo ancora".

"E voi cosa proporreste?" lo incalzò Adelperga.

"Io sono il re e non propongo, dispongo semmai. Io ritengo che per il bene del regno longobardo occorra cambiare le alleanze, lasciare i bizantini ed allearsi con i Franchi".

"Sarebbe un errore incommensurabile" si intromise Arechi " se poi i Franchi facessero un voltafaccia non potremmo più appoggiarci su nessuno e i Franchi militarmente sono più forti e più numerosi di noi".

"Ciò non accadrà perché suggelleremo l'alleanza con il duplice matrimonio tra re Carlo e la principessa Desiderata, che andrà a completare quello tra Gerbega e Carlomanno che si è già celebrato lo scorso anno. In questo modo avremo una alleanza con entrambi gli eredi di Pipino" disse Desiderio.

"Ma se Desiderata è poco più che una bambina e nulla poi impedirà a Carlo di ripudiarla e di muovere alla conquista del regno longobardo" eccepì Adelperga " Fate attenzione padre perché Carlo è ben diverso da Carlomanno e mentre di quest'ultimo possiamo fidarci di Carlo assolutamente no".

"Ormai è tutto inutile, l'alleanza è fatta ed anche il matrimonio si farà presto. Partirete per Aquisgrana entro tre giorni. Sappiate che la nostra alleata è Bertrada, la madre dei due re e di lei ci si può fidare perché è nostra amica ed è in rotta con il Papa Adriano, che è un nostro nemico" si impose Desiderio.

"Io non andrò ad assistere a questo scempio, anche perché occorre che qualcuno regga nel frattempo il Ducato. Andrà Arechi" disse fermamente Adelperga dopo aver scambiato uno sguardo d'intesa con il marito.

Desiderio sapeva che quando la figlia sgranava gli occhi in quel particolare modo ed aveva una colorazione del viso rosso fuoco era meglio lasciare perdere ed accondiscese alla sua volontà.

Adelperga partì per Benevento e, d'accordo con Arechi, diede ordine di rafforzare le fortificazioni di Benevento e di far velocizzare i lavori al castello di Salerno.

Arechi presenziò alle nozze ad Aquisgrana. Riportò delle sensazioni negative nonostante fosse stato trattato con grande riguardo. Dei due fratelli anche lui, come Adelperga, preferiva di gran lunga Carlomanno, che era il figlio legittimo a Carlo, che essendo nato fuori dal matrimonio, era da considerarsi illegittimo e quindi non degno di succedere al padre Pipino.

Arechi ritornò convinto che Carlo aspettasse di rinforzarsi ma che poi si sarebbe rivelato un implacabile nemico. Il pensiero di re Carlo svegliò Adelperga di cattivo umore.

* * *

Pensò a quanto aveva odiato quell'uomo per la sua freddezza, per l'essere calcolatore in tutto e per essere insaziabile nel suo desiderio di conquista. Povero Carlomanno: fu morte naturale la sua? Certo che invece di andare la parte del regno a suo figlio, Carlo se ne appropriò. Adelperga si ricordò di essere stata lei a convincere il re Desiderio ad ospitare tutta la famiglia di Carlomanno a Pavia. Desiderio si rese conto dell'errore che aveva commesso e addirittura mandò al Papa una ciocca di capelli del figlio di Carlomanno per reclamare i suoi diritti al regno del padre. Carlo l'accaparratore lo aveva spodestato ed ora, come re unico dei Franchi, faceva paura.

Le previsioni che aveva fatto con Arechi si stavano puntualmente verificando. Una volta appropriatosi della parte di regno che non gli spettava re Carlo non ebbe più limiti e cominciò a guardare al Regno longobardo come ad un boccone da trangugiare.

Il regista oscuro di quello che stava accadendo e di quello che sarebbe accaduto era il Papa Adriano, che odiava i Longobardi.

Adelperga si soffermò a pensare come queste nuvole che si stavano addensando all'orizzonte non avessero influito sulla vita a Benevento, se non per l'accelerazione che era stata data alle opere difensive e alla costruzione del castello di Salerno.

Per il resto la vita intensa che conduceva con Arechi

non aveva subito grandi modifiche. Benevento era

sempre un centro culturale all'avanguardia ed

accorrevano studiosi da ogni parte. Con

commozione pensò ai risultati che aveva sin lì

conseguito nel cercare di amalgamare la tradizione

longobarda con quella romana. Ricordò con

commozione quando un patrizio romano disse che

aveva avuto un crampo oppure quando altri fecero

riferimento alle staffe, alle briglie, quando qualcuno

di loro definì stanza o sala un locale del castello. Era

stata lei a promuovere la fusione tra i due popoli e

constatare che nel volgare che veniva ormai parlato

da tutti al di fuori dalle sedi ufficiali molte parole

longobarde fossero state recepite e italianizzate la

riempì di profondo orgoglio. Sarebbe sorto un grande popolo, ne era assolutamente certa, ma un popolo non facile da governare perché dotato della saggezza latina e della caparbietà longobarda, della versatilità latina e del pragmatismo longobardo; si rese conto che, grazie anche a lei, ci si stava dirigendo verso la sublimazione delle intelligenze dei due popoli. Rimaneva però una parte di tradizione bizantina che, se non contrastata, avrebbe potuto inculcare nel popolo quale falso ideale quello della furbizia che, se contenuta, rappresentava sicuramente un pregio, ma se lasciata invece crescere in maniera incontrollata avrebbe portato a delle pericolose derive. Adelperga pensò che comandare il popolo che aveva creato non sarebbe stato semplice. Occorreva che dall'alto venisse l'esempio della virtù, della correttezza e del rispetto verso le Leggi e le tradizioni.

In caso contrario, se dall'alto fossero invece stati trasmessi messaggi di esaltazione della furbizia gran parte del popolo se ne sarebbe approfittato, generando una società priva di scrupoli e di valori morali. Tuttavia la maggioranza di questo popolo che aveva contribuito a forgiare era sana e priva di influenze bizantine. Adelperga era sicura che questo suo popolo, a prescindere dai propri governanti, sarebbe riuscito in ogni momento ad elevarsi sugli altri popoli per estro, industriosità ed intelligenza, ma la frangia bizantina ne avrebbe minato l'immagine in eterno, se non fosse stata adeguatamente contenuta.

Se Iddio le avesse concesso ancora vent'anni di principato sarebbe riuscita a completare l'opera che aveva iniziato; invece sentiva le sue forze scemare di ora in ora. Appoggiò la testa sulla spalla e nuovamente si assopì.

* * *

Pavia, anno 771

La notizia giunse a Benevento come un rombo di tuono. Affinché venisse risaputa subito re Desiderio organizzò delle staffette.

Fu Adelperga ad aprire il documento sigillato quando arrivò al palazzo di Benevento.

"Devo recitare il mea culpa per non avervi ascoltato. Carlo ha osato ripudiare Desiderata e mandarla qui come se si trattasse di un vestito vecchio da buttare via. Desiderata, che ha perso ogni desiderio di vita, ha voluto ritirarsi a Brescia nel convento retto da vostra sorella. Pur essendo giovanissima la sua vista mi ha orrendamente impressionato. Carlo non rispetta niente e nessuno: né il fratello, né la cognata e i nipoti e neppure la moglie. E il Papa glielo lascia fare ed accetta il ripudio. Il primo a pagare sarà lui. Poi verrà Carlo. Preparatevi perché all'orizzonte si profilano tempi di guerra".

Adelperga e Arechi provarono un forte dolore a leggere il plico di re Desiderio. Pur essendo certi in cuor loro che il parere che avevano a suo tempo dato al re fosse corretto speravano sempre di essere smentiti dai fatti e che l'alleanza con Carlo fosse invece stabile e duratura.

"Arechi cosa pensate del proposito di mio padre di attaccare il Papa nei suoi possedimenti?" chiese Adelperga.

"Un errore strategico peggiore è difficilmente concepibile. Così facendo offrirebbe il pretesto a Carlo per rompere l'alleanza ed invadere il nord Italia. Scriviamogli subito di evitare di cascarci".

"La vediamo allo stesso modo. Aumentiamo gli stanziamenti per la difesa e ordiniamo alle maestranze che lavorano al castello di Salerno di velocizzare ancora di più i lavori, anche a costo di assumere altra gente".

"Che cosa avete in mente Adelperga?" chiese Arechi.

"Non oserei dirvelo".

"Osate, osate; del resto è da quando siamo sposati che non fate altro" disse sorridendo amabilmente Arechi.

Dopo aver risposto con una risata argentina al dolce rimprovero del suo sposo disse: " Se Carlo dovesse attaccare il Regno longobardo del nord lo conquisterebbe certamente. Rimarremmo solo noi a pavesare il vessillo longobardo. Ebbene a quel punto un Ducato sarebbe per noi riduttivo. Dovremmo diventare un Principato, spostando la Reggia a Salerno. Ecco perché ho fatto velocizzare i lavori. Non appena Carlo metterà piede in Italia diventeremo Principi. Per la verità io lo sono già; sarete voi che salirete di grado" disse Adelperga con un tono un po' beffardo, ma molto affettuoso.

Arechi assunse una espressione grave, lì per lì non rispose e cominciò a riflettere. Dopo una decina di minuti si riebbe dai pensieri ai quali era assorto e disse:" Anch'io da tempo meditavo una cosa del genere, ma pensavo che re Desiderio non ce lo avrebbe mai concesso".

"E pensavate giusto, solo che rischiamo che entro due o tre anni non avremo più un re Desiderio sopra di noi" disse Adelperga.

"Pensate che sarebbe nostro dovere se Carlo invadesse il Regno longobardo del nord schierare le nostre truppe al suo fianco?"

"A parte che re Desiderio è troppo orgoglioso per chiedercelo, ma se andassimo al nord commetteremmo anche noi un errore strategico irrimediabile, come quello che vuol fare lui attaccando il Papa e sguarnendo le spalle al nemico. Noi attenderemo Carlo nei nostri territori e lui verrà a scornarsi contro le nostre fortezze" disse Adelperga.

"Non vi facevo così fine stratega. Voi mi sorprendete ogni giorno di più ed ogni giorno ringrazio il Cielo per avermi dato una sposa come voi. La penso in tutto esattamente allo stesso modo. Ma non avete timore di opporvi a re Carlo se dovesse conquistare il Regno longobardo?"

"Neanche un po'" sentenziò Adelperga.

Si guardarono intensamente negli occhi e poi proruppero entrambi in una sonora risata, che richiamò Romualdo, Adalgisa e Grimoaldo, che si affacciarono alla porta del grande salone. Prima di scendere con i figli a giocare decisero di scrivere a re Desiderio.

"Sire, come vostra figlia e come vostro genero noi vi scongiuriamo di abbandonare l'insano progetto di muovere la guerra contro il Papa. Non fareste che dare il pretesto a Carlo di invadere il vostro Regno. Utilizzate piuttosto questo tempo per rafforzare le fortezze e per organizzare meglio l'esercito. Noi vi suggeriremmo di studiare i passi che potrà varcare Carlo per entrare nel vostro Regno. Cercate di renderli irti di ostacoli e di fare in modo che le sue forze siano obbligatoriamente convogliate verso dei punti laddove il vostro esercito possa combatterle in condizioni favorevoli. Se seguirete questi suggerimenti salverete il Regno".

Si trattava di una missiva non facile da digerire da parte di un sovrano, provenendo da semplici Duchi, ma Adelperga contò sul legame, sperando che ne avrebbe recepito i suggerimenti.

In pochi giorni arrivò la risposta.

" Cara figlia, caro genero, so che ad ispirare la vostra lettera è l'amore che provate nei miei confronti e vi ringrazio. Ma avete ancora da fare molta esperienza prima di poter disquisire col vostro sovrano di strategia. Se riuscirò ad impadronirmi della persona del Papa, Carlo non rischierà mai una discesa in Italia. Portate un mio personale saluto ai vostri pargoli".

Rossa in viso Adelperga alzò la voce: " Avete capito Arechi? Ci tratta come se fossimo i nostri figli. Cosa ne dite?"

" Che il Regno di Desiderio ha i giorni contati e che abbiamo fatto bene ad ordinare i lavori alle fortezze".

* * *

La rabbia che provò in sogno svegliò Adelperga, che rimuginò su quanto aveva sognato. Era di malumore. Suo padre aveva offeso lei ed Arechi, trattandoli come se fossero stati dei bambini. Era invece il re Desiderio ad aver smarrito la ragione.

Avrebbe perso il Regno e avrebbe azzerato l'influenza longobarda nel nord dell'Italia. Si ricordò del timore che ebbero quando ritennero opportuno convocare una riunione con i notabili longobardi e romani. Erano sì i Duchi ma per procedere come avevano intenzione di fare avrebbero dovuto contare sull'adesione da parte di tutti i notabili. Se qualcuno avesse fatto un voltafaccia le sorti del Ducato sarebbero state segnate. Arechi volle che fosse lei a prendere la parola.

"Voi siete le Eminenze del Ducato. Dobbiamo farvi partecipi di una situazione di straordinaria gravità. Dalle decisioni che assumeremo dipende la sorte del nostro Ducato, la nostra personale e quella dei nostri figli. Vi riassumo la situazione. Carlo, re dei Franchi, che non sappiamo quanto fosse estraneo alla morte di suo fratello Carlomanno, ha spodestato il legittimo erede di questo re che ci era sinceramente amico e ha riunito sotto il suo scettro entrambi i regni, acquisendo una potenza militare da non sottovalutare. Ma le sue malefatte non finiscono qui purtroppo. Ha ripudiato mia sorella Desiderata dopo un anno di nozze ed ora incombe sul Regno di mio padre, premendo ai suoi confini. E quale strategia ha intenzione di opporgli il re Desiderio? Attaccare il Papa e sguarnire le spalle all'invasione di Carlo. È ben vero che vi siano delle fortezze nel Regno longobardo difficili da conquistare, come ad esempio Verona, ma è altrettanto vero che, avendo a disposizione lo spazio e il tempo per agire indisturbati i Franchi le potranno conquistare una ad una. Dobbiamo decidere cosa fare. Il Duca Arechi stima che le nostre forze, se schierate nel nord Italia, non sarebbero sufficienti ad impedire la vittoria di Carlo. Se invece le nostre armate rimanessero nel Ducato, grazie anche agli imponenti lavori di rafforzamento delle fortificazioni che stiamo ultimando, saremmo in grado di resistere, soprattutto se trasferissimo la Reggia a Salerno, laddove stiamo ultimando le fortificazioni per renderla imprendibile. Stimiamo che Carlo non si avventurerà nei nostri territori e si accontenterà di un accordo senza che noi dobbiamo diventare suoi vassalli. Certo è prevedibile che dovremo concedere qualcosa, come ad esempio i territori che il Papa reclama da tempo, ma rimanendo nei nostri territori noi avremo la possibilità di salvare il nostro Stato Longobardo-Romano. Sia il Duca Arechi, sia io teniamo molto a questa fusione tra i due popoli, alla quale abbiamo dedicato molte energie nel corso di questi anni. Pertanto il vostro parere, patrizi romani, sarà tenuto nel medesimo conto di quello dei notabili longobardi. Queste decisioni devono essere condivise da tutti, compresa l'intera popolazione. Se qualche componente dovesse cedere andremmo in contro alla nostra rovina. Solo se saremo uniti e determinati potremo mantenere la nostra indipendenza e le nostre tradizioni".

L'assemblea per un attimo ammutolì, suscitando in Arechi e in lei molta apprensione. Le acclamazioni che seguirono fecero però comprendere ai Duchi che la semenza del buon governo che avevano fatto negli ultimi anni aveva attecchito. Ora erano realmente un popolo unito. Tutte le proposte vennero approvate all'unanimità. Si sarebbero difesi nei loro territori come un sol uomo e Carlo avrebbe dovuto sudare per batterli.

Arechi la guardò ammirato: che foga, che talento, che intelligenza, che abilità psicologica. Benedisse il

Cielo per avergli donato una sposa di tale livello. La loro specie non si sarebbe estinta e sicuramente uno dei loro figli avrebbe retto il Principato, perché era ormai sicuro che nell'arco di poco tempo proprio un Principato sarebbe diventato il loro Stato. Cullata da questi dolci ricordi pian piano si riassopì.

* * *

Adelperga chiuse gli occhi e si sentì di colpo affluire tutte le energie. Con quale impeto aveva affrontato l'assemblea. Capì perché Arechi aveva fatto parlare lei. Lui sarebbe riuscito a convincere le menti dei notabili, mentre lei aveva fatto molto di più: aveva stregato i loro cuori. Solo una corrente emozionale fortissima avrebbe potuto far durare nel tempo una determinazione così pericolosa come quella di non piegarsi a Carlo nel caso in cui avesse conquistato il nord Italia. Se solo fossero state convinte solo le menti dei notabili sarebbe bastato il minimo rovescio a farli ragionare in maniera diversa; essendosi lei impadronita anche dei loro cuori avrebbero combattuto in ogni caso senza titubanze o retropensieri. Lo sguardo che le lanciò Arechi fu uno sguardo di adorazione e non di semplice amore e non lo avrebbe mai dimenticato.

Re Desiderio partì con il suo esercito contro il Papa. Che conseguisse delle vittorie era scontato, ma era escluso che sarebbe riuscito a catturare il Papa. Le armate di quest'ultimo perdevano sì terreno ma un osservatore attento avrebbe notato che ciò non era dovuto solamente alla pressione dell'esercito di Desiderio, ma che erano le stesse armate pontificie a ritirarsi in continuazione, ma volontariamente, combattendo tuttavia alacremente. Ciò sia per impegnare in estenuanti combattimenti il re Desiderio, sia per allontanarlo sempre più dalla sua capitale.

La trappola era scattata e l'ignaro re dei Longobardi si incaponiva ad avanzare ad ogni costo e a qualsiasi prezzo.

Nel frattempo Carlo aveva varcato i confini ed aveva posto sotto assedio la fortezza di Verona che era la più possente dopo Pavia. Se fosse riuscito a conquistarla avrebbe indebolito lo Stato longobardo e sarebbe poi riuscito a cingere d'assedio Pavia senza dover affrontare dei grossi ostacoli lungo il percorso.

Quando re Desiderio venne a sapere dell'assedio di Verona commise il secondo errore strategico, forse ancor più grave rispetto alla decisione di attaccare il Papa. Invece di dirigersi immediatamente a Verona continuò a combattere le armate papali, che non smisero di cedere terreno, seppur a caro prezzo. Desiderio confidava nel fatto che Verona fosse inespugnabile e fece il suo più tragico errore di valutazione. Carlo, attaccando Verona si era esposto a dei grossi rischi. Se Desiderio fosse tornato indietro avrebbe potuto non solo tagliargli le vie di rifornimento, ma soprattutto lo avrebbe preso tra due fuochi. La potente guarnigione di Verona sarebbe uscita e avrebbe attaccato alle spalle i Franchi.

Desiderio non si preoccupò perché riteneva Verona come una fortezza inespugnabile, contro la quale Carlo sarebbe andato a scornarsi. In questo non tenne conto di due fattori essenziali: che, pur avendo una ricca campagna circostante, i viveri sarebbero presto mancati e le sortite per andarli a recuperare sarebbero state pagate a caro prezzo, essendo la città accerchiata. Il secondo fattore era psicologico. Nei primi tempi i difensori ressero molto bene perché in loro albergava la speranza di un pronto arrivo dell'esercito di re Desiderio a rompere l'assedio. Man mano però che passarono le settimane e i mesi senza che l'esercito comparisse si diffuse tra le truppe un senso di scoramento, alimentato dai proclami di Carlo. Questi astutamente continuò a battere con insistenza, attraverso i suoi banditori, che Desiderio aveva deciso di sacrificarli per acquistare del tempo. Questa notizia, accompagnata dalla promessa che se si fossero arresi avrebbero avuto la vita salva e i beni rispettati pian piano fecero breccia nell'animo dei soldati che erano chiamati a difendere la piazzaforte. Non che si arresero senza combattere ma la percezione che fossero stati abbandonati, o peggio, sacrificati deliberatamente minò gradatamente il loro spirito combattivo e non si difesero più con il medesimo furore. Ciò fece sì che i Franchi riuscirono a penetrare nella città e la resa fu inevitabile. Carlo si dimostrò magnanimo. Si limitò a pretendere un atto di sottomissione e a lasciare una guarnigione. Per il resto rispettò sia i notabili, sia la popolazione, sia i beni, ma pretese i figli delle famiglie più in vista come ostaggi. Questa era quasi una mania per Carlo. Questi ostaggi venivano trattati con mille riguardi dal re e dalla sua Corte per cercare di farsene dei futuri amici, ma erano comunque delle vite a sua discrezione che gli garantirono sempre la fedeltà dei loro genitori. La caduta di una tegola svegliò Adelperga.

* * *

Si ricordò di avere scritto al padre: " In nome di Dio andate a liberare Verona o perderete il Regno".

Arrossì di rabbia al pensiero della risposta che ricevette dal padre.

"Cara figlia, pensate ai vostri doveri di sposa e di madre e lasciate stare la guerra e le strategie, che non vi competono. Verona reggerà a lungo, dandomi il tempo di catturare il Papa. Poi dirigerò l'esercito a liberarla".

Si ricordò che dal dolore Arechi pianse. La Longobardia maior era perduta e la sua fine sarebbe stata dichiarata da lì a pochi mesi. Iniziarono i preparativi per il trasferimento della Corte a Salerno. Decisero che avrebbero atteso la prevedibile caduta di Pavia per insediarsi ufficialmente e per elevare i loro domini a Principato. Tutti i notabili, che avevano nel frattempo fatto acquisti di proprietà a Salerno, furono d'accordo.

Adelperga si rattristò al pensiero della lettera che gli giunse dopo qualche mese dal padre.

"Vi rimproverai credendo che foste cieca. Ero io cieco che non riuscivo a vedere quello che voi invece distinguevate nitidamente. Sono caduto in trappola: Verona è caduta e devo correre a difendere Pavia. Pregate per me".

Tutti sapevano che Pavia avrebbe potuto reggere al massimo qualche mese. Anche se avesse retto di più il Regno dei Longobardi sarebbe comunque finito poiché mai e poi mai avrebbe potuto essere circoscritto alla sola capitale quando tutto il resto era nelle mani di Carlo. Si assistette ad un fenomeno consueto, quello del tentativo, riuscito, di salire sul carro del vincitore. Che possano averlo fatto i Romani era comprensibile; che invece lo abbiano fatto anche molti Longobardi lo fu di meno, ma lo fecero addirittura in maniera inaspettata nelle forme. Smisero il loro essere Longobardi per assumere caratteristiche identiche a quelle dei Franchi. Rinunciarono alle loro tradizioni, alla loro cultura, alla loro lingua per assumere quella dei vincitori.

Ma non tutti si comportarono così. Una buona parte delle famiglie longobarde scappò verso sud ed entrando dal Ducato di Spoleto per evitare l'esercito del Papa, si diressero verso il loro Ducato.

Si ricordò di quante energie e di quante risorse profusero lei ed Arechi per dare a questi fuggiaschi una sistemazione dignitosa. Con sua grande soddisfazione si ricordò che anche le famiglie romane si impegnarono nella difficile collocazione dei fuoriusciti. Sorrise al pensiero: si trattava della dimostrazione di come avesse seminato bene. Il

Ducato fremeva di attività. Lei era a dirigere i lavori alla nuova Reggia mentre Arechi sorvegliava quelli alle fortezze. Vi era tanta eccitazione, ma anche molta preoccupazione per il loro futuro e quello dei loro figli.

Giunse la notizia della caduta di Pavia. Re Carlo anche in questo caso non infierì. Desiderio si ritirò in un Monastero nel sud della Francia. Adesso sarebbero stati solamente loro a frapporsi al dominio assoluto di Carlo.

Adelperga chiuse gli occhi e restò in una sorta di dormiveglia.

* * *

Apparvero le immagini così come gliele avevano descritte i fuoriusciti. Desiderio, abbigliato da guerriero ma coperto da un saio salì a cavallo e, scortato da soldati Franchi, si diresse mestamente verso la sua ultima destinazione, dove avrebbe avuto tutto il tempo per pensare ai propri errori. La politica di disintegrazione della unità dei Longobardi come popolo, concepita ed attuata da Carlo, proseguì con particolare successo. Tuttavia non riuscì a portare un cambiamento in Italia così radicale della architettura come avvenne ad Aquisgrana. Gli architetti, formati dalla fusione della tradizione romana con quella longobarda, pur cercando di compiacere le richieste dei Papi e di Carlo, mantennero vive le loro idee, pur adattandole ad un revival del modello paleocristiano che era in voga in quei decenni.

L'incoronazione a Principi nella Reggia di Salerno fu un momento di orgoglio e di esaltazione. Tutti i notabili erano presenti e il popolo, nonostante sapesse della incombente minaccia di re Carlo, fu festante come non mai. Tutti i sapienti che negli ultimi anni avevano abitualmente frequentato la Corte di Benevento rimasero e vollero legare il proprio destino a quello dei due novelli Principi. La cultura si schierò con il più debole militarmente, ma con il più forte dal punto di vista della libertà di pensiero. L'abitudine dei sovrani al dialogo, al confronto libero delle diverse opinioni era un fenomeno che non aveva uguali in quel periodo. Nelle altre Corti non esisteva alcuna forma di dialogo. Il re comandava e gli altri dovevano obbedire acriticamente. Non è che Arechi e Adelperga non sapessero comandare, ma preferivano convincere i notabili della bontà delle loro decisioni ed erano pronti anche a modificarle ove nel dialogo fossero emerse delle soluzioni migliori rispetto a quelle che loro avevano indicato. Era il clima che era diverso a Benevento, così come a Salerno. Ciascuno aveva la sensazione di poter esprimere il proprio pensiero liberamente ed aveva la percezione che sarebbe stato preso in considerazione. Nella Reggia tutti entravano con grande rispetto ma senza timori: era questo il clima idilliaco che avevano creato i nuovi Principi che sapevano essere autorevoli senza mai diventare autoritari.

Dopo qualche tempo arrivarono i messi di re Carlo insieme a quelli del Papa. Veniva intimato ad Arechi di riconoscersi vassallo di re Carlo, di fornire tributi, di restituire le terre che appartenevano al Papa e di mandare il figlio Romualdo in ostaggio.

Era il momento delle decisioni definitive e fu indetta l'Assemblea con tutti i notabili. Avevano tutti delle espressioni che emanavano fiducia ed attesero la parola dei Principi con grande trepidazione. Arechi anche questa volta volle che a parlare fosse Adelperga.

Il pensiero dell'emozione, ancora vivida, che provò in quel momento la svegliò.

* * *

Ricordò che iniziò con un po' di timore, ma subito prevalse la sua determinazione: "L'ora che paventavamo ma che anche in cuor nostro ci auguravano è alfine giunta: re Carlo chiede a noi un giuramento di fedeltà, ci vuole suoi vassalli, pretende dei tributi, vuole Romualdo come ostaggio e chiede la restituzione di quei territori che il Papa richiede da molto tempo. Il cuore mi imporrebbe di scartare le proposte totalmente. Ne scaturirebbe una lunga guerra dagli esiti incerti. Ciascuna famiglia qui presente avrebbe dei familiari da piangere. Il sogno della nostra Corte illuminata svanirebbe per sempre. Anche se vincitori ci aggireremmo in mezzo alle macerie di quello che abbiamo costruito insieme. Se questa è la volontà di tutti combatteremo.

Il cuore ancor più si ribella ad accettare tutte le proposte di re Carlo. Mai saremo suoi vassalli e mai gli pagheremo i tributi richiesti. Esiste una soluzione intermedia che salvi il nostro onore e che mantenga la nostra indipendenza? Io penso che esista e ve la propongo. Potremmo concedere solo tre cose a re Carlo. La prima è un giuramento non di sottomissione ma che non prenderemo mai le armi per primi contro il suo regno. La seconda è che restituiremo una parte dei territori che vuole il Papa, ma non tutti. La terza, che è quella che più mi addolora, è consegnargli Romualdo come ostaggio.

Al di là di tali condizioni è la guerra. Vi rendete conto che una risposta di questo genere verrà presa da re Carlo come uno schiaffo e potrebbe decidere di fare guerra. Dico potrebbe ma sono convinta che tranugerà il boccone amaro ed accetterà le nostre condizioni. In questo modo la nostra dignità resterà integra, così come il nostro prestigio. Saremo il solo Stato non vassallo di quel re". Adelperga fu interrotta da una ovazione e il più convinto ad applaudire fu proprio Arechi, che prese la parola.

"Signori devo confessarvi che la mia sposa riesce a stupirmi ogni volta di più. Sono realmente ammirato. Quando tutti noi siamo entrati in questa sala eravamo in cuor nostro consci che la guerra sarebbe stata ineluttabile. La Principessa Adelperga ci ha illuminato il sentiero che porta alla vittoria senza spargimento di sangue, che porta alla vittoria morale nella dignità e nell'onore. Propongo che la sua proposta venga approvata". L'ovazione che seguì fece capire che non fosse neppure il caso di mettere ai voti la decisione.

Venne redatta una lettera scarna riportante la controproposta del Principato a re Carlo.

* * *

A Roma re Carlo dei Franchi stava conversando con il Papa ed era estremamente soddisfatto. Aveva conquistato vasti territori e molti per evitare di essere conquistati gli avevano giurato fedeltà, si erano dichiarati suoi vassalli, si erano obbligati a versargli dei tributi e gli avevano anche consegnato i figli come ostaggi. Gli unici che non si erano ancora piegati erano i Longobardi di Benevento.

"Che cosa è questa buffonata di elevare a Principato il Ducato di Benevento e di trasferire la capitale a Salerno?" chiese il re.

"Sono quattro anni che si stavano preparando a questa mossa. Non hanno certo perso del tempo in questi anni. Hanno rafforzato tutte le difese. Per arrivare a Salerno bisogna prima conquistare tutte le piazzeforti che hanno disseminato lungo il percorso. Poi il castello di Salerno ha la fama di essere imprendibile. Le mie spie mi dicono che non è una vanteria come era quella di Verona: questo castello è realmente impossibile da conquistare" rispose il Papa.

"Se avessi un anno di tempo non avrei problemi, ma non vorrei che in mia assenza scoppiassero delle rivolte nei territori che furono di Carlomanno. Il popolo era a lui devoto e circolano delle voci che attribuiscono a me la sua morte. Vediamo cosa faranno i Beneventani e dalla loro risposta capiremo di quale pasta sono fatti".

Venne annunciata proprio in quel momento la delegazione del Principato. Carlo afferrò il dispaccio dalle mani dell'ambasciatore senza neppure dargli il tempo di consegnarglielo. Divenne viola, poi pallido e scagliò in terra il messaggio. " Osano sfidarmi? Ma chi mai può aver avuto il coraggio di scrivere questa risposta proprio a me?". Si sedette e cominciò a riflettere. Gli ambasciatori, ma anche il Papa, rimasero imbarazzati, non sapendo che cosa avrebbero dovuto fare.

Mentre re Carlo rifletteva ad occhi chiusi ogni tanto scagliava un pugno formidabile sui braccioli della poltrona. Il rumore fece ogni volta sobbalzare gli Ambasciatori, che cominciarono a temere per la loro incolumità. Quanti erano stati gli esempi di teste mozzate a coloro che portavano cattive notizie? Ad ogni pugno di re Carlo aumentò il timore per la loro sorte. Dopo un tempo che ai presenti apparve come un'eternità re Carlo ebbe un sussulto, aprì gli occhi, si alzò e in maniera sorridente chiese di raccogliere il dispaccio e di consegnarglielo. Si sedette, scrisse qualcosa, chiuse di nuovo la lettera e vi appose il suo sigillo. Nel consegnarla al primo degli Ambasciatori chiese: " Ditemi chi ha concepito il messaggio che ho ricevuto e potrete liberamente partire. Ma voglio la verità. Questa non è farina del sacco di Arechi, vero?"

"Sire, effettivamente il messaggio era della Principessa Adelperga".

Il re li congedò con un sorriso. Carlo pensò: " Che donna straordinaria. Brucia meno sapere di essere stato sconfitto da lei. Perché invece di Desiderata non mi proposero lei come sposa?"

Si fece una risata. In qualche modo il problema di Benevento era risolto e non appena ricevuto il giuramento e l'ostaggio sarebbe ripartito.

Quando i messaggeri tornarono a Salerno non furono in grado di anticipare quale fosse stata la decisione del re. Lo avevano infatti prima visto diventare di tutti i colori, poi lo avevano visto tirare dei pugni formidabili e, alla fine, aveva scritto al massimo due parole e li aveva congedati con il sorriso.

Fu con molta apprensione che Arechi ruppe il sigillo reale. Divenne paonazzo. Tutti pensarono alla guerra. Tutti tranne Adelperga, che lo conosceva così bene da capire che si trattava di un rossore da trionfo. Gli prese dalle mani la lettere e lesse: " Sta bene".

* * *

Si svegliò di soprassalto, ma si svegliò orgogliosa. Lei fu l'unica che in tutta la sua vita riuscì a piegare Carlo, il re dei Franchi. La sua vittoria fu straordinaria. Una cascata di emozioni la sopraffece e rischiò di perdere i sensi. Ricordò la commozione con la quale salutò Romualdo, ma era sicura che sarebbe stato trattato molto bene. Non volle andare a Roma per il giuramento di Arechi. Si trattava di un altro dispetto che faceva a Carlo, che invece era ansioso di conoscere chi gli avesse tenuto testa con così grande coraggio ed abilità.

Da quel momento sino all'anno precedente per tredici anni la Corte fu felice e il loro Principato si arricchì enormemente. I bizantini proposero una alleanza, ma formalmente con l'approvazione di Carlo.

Si rese conto di quanto questi la stimasse quando qualche anno dopo gli scrisse personalmente: " Sire, so che nostro figlio Romualdo è felice presso di voi ed è molto ben trattato. Tuttavia gli anni passano ed io ed Arechi stiamo pian piano invecchiando. Lui deve imparare a governare per poter un domani reggere il Principato. Se non ha nulla in contrario io vi proporrei una sostituzione di Romualdo con i suoi due fratelli Grimoaldo e Adalgisa. Il soggiorno presso la vostra Corte sarà per loro molto istruttivo. Re Carlo non rispose ma arrivò a Salerno un corteo che riportava a casa Romualdo. I suoi fratelli non ne furono molto entusiasti ma partirono alla volta di Aquisgrana. Lì anche loro furono trattati molto bene. Adalgisa trovò l'amore della sua vita e si sposò. Grimoaldo chiese invece al re Carlo di poterlo aiutare come scriba. In questo modo imparò molte cose e quando il destino vorrà, sarà lui a reggere le sorti del Principato. Uno scriba intelligente impara a redigere le Leggi, ad amministrare la Giustizia, a trattare con gli altri re o con i vassalli, ad organizzare lo Stato, ad organizzare gli aspetti economici e commerciali e anche ad amministrare e comandare l'esercito. Carlo aveva sempre voluto avere degli scribi poveri di intelletto; accettò Grimoaldo perché intuì che avrebbe avuto uno Stato da amministrare ed essendogli affezionato, voleva forgiare un potenziale futuro alleato. Se adesso era tranquilla dopo la tragedia della scomparsa contemporanea di Arechi e di Romualdo era perché Grimoaldo aveva fatto la scuola di governo presso re Carlo. Sicuramente sarebbe stato in grado di reggere le sorti del Principato. Del resto Arechi e lei glielo avrebbero consegnato al massimo dello splendore sia intellettuale che economico. Se anche si fosse limitato a non ostacolare l'andamento della corrente che lei ed Arechi avevano creato sarebbe stato un saggio Principe, che avrebbe portato al suo popolo un ulteriore periodo di prosperità. Poi

Grimoaldo assomigliava a lei e ad Arechi e sicuramente non avrebbe preso nulla da quel cinico del re Carlo. Avrebbe ereditato un Principato ricco, stimato al di fuori dei confini e amato dalla popolazione. Sarebbe bastato ben poco per perpetrare questa tradizione. Questi pensieri la rattristarono perché le fecero avvertire la sensazione che fosse ormai alla fine del suo viaggio. Una lacrima le solcò lentamente il viso e si riaddormentò.

* * *

Questa volta non sognò più gli episodi della sua vita ma si vide proiettata nello spazio e nel tempo. Percorse tutti i secoli a venire. Ebbe modo di vedere la fusione tra i due popoli finalmente compiuta. Constatò tuttavia quanto fosse un popolo difficile da governare e quanti governanti inetti, corrotti ed incapaci si fossero susseguiti, intervallati ogni tanto da qualche governo illuminato. Vide però che il suo popolo in ogni occasione fu in grado di superare da solo tutte le avversità. Si rese conto di aver dato la stura ad un grande popolo. Percepì la gelosia e l'invidia degli altri popoli, che instillarono il sorgere di rivalità interne proprio per impedire al suo popolo di superare tutti gli altri. Sentì l'evolversi del linguaggio nei secoli e udì con gioia che ben oltre mille anni dopo di lei venivano ancora utilizzati i termini longobardi che aveva fatto introdurre nel linguaggio comune. Tutto ciò la inorgoglì molto.

Ma girovagando per i secoli rimase profondamente delusa: non una piazza, non un monumento, non un libro era stato intitolato a lei. Tutti dedicavano a lei non più di due righe: sorella di Ermengarda (chissà perché poi i posteri chiamarono così Desiderata?), moglie di Arechi.

Solo viaggiando nel XXI secolo scoprì che qualcuno aveva dedicato a lei un libro. Cominciò a leggerlo e si stupì. Si domandò come avesse fatto l'Autore dopo quasi tredici secoli a descrivere in maniera così reale la sua vita e le sue emozioni: era proprio lei che usciva da quelle pagine. Sembrava che la conoscesse e che avesse vissuto anche lui gli stessi avvenimenti e che avesse provato le medesime sensazioni. Ripercorse quindi nello stesso giorno per due volte la propria vita. Le sarebbe piaciuto conoscere questo Autore che la toglieva dall'oblio o che ci sarebbe finito lui stesso, se nessuno avesse comprato ed apprezzato il suo racconto. Certo che ci voleva una buona dose di coraggio a scrivere di lei, dimenticata da tutti. Ma poi come aveva fatto a descriverla fisicamente in maniera così precisa? Non esistevano dei suoi ritratti ed invece l'Autore non aveva omesso nessun particolare. Anche l'ovale un po' ristretto del viso era vero, diabolico di uno scrittore. Tutta la vita aveva studiato delle acconciature che nascondessero quel leggero difetto e invece lui no, implacabile, lo aveva subito evidenziato. Vi era un qualcosa di diabolico in quel libro. In certi punti sembrava trapassargli l'anima e svelava i suoi più reconditi pensieri, ma fu contenta che fosse stato scritto. Si augurò che molti lo leggessero e che finalmente le venisse attribuito il posto che le spettava tra i fondatori del popolo italico moderno. Pensò a quale titolo avrebbe dato lei a quel libro e lo fece senza guardare la copertina. Molti titoli le vennero alla mente, ma uno dopo l'altro vennero scartati. Eppure si disse che un titolo alla propria vita lo avrebbe dovuto dare, se non altro per incuriosire i lettori, ma più ci pensava e più le sfuggiva.

EPILOGO

Aprì gli occhi. Prima di svegliarsi era riuscita a leggere il titolo che aveva dato l'Autore: "Adelperga, la Principessa che diede scacco a Carlomagno". Che bel titolo, lei stessa non sarebbe riuscita a trovarne uno migliore.

Sorrise e il suo sorriso rimase scolpito per l'Eternità.

FINE

www.ingramcontent.com/pod-product-compliance
Lightning Source LLC
Chambersburg PA
CBHW070354220526
45467CB00001B/374